DEPOIS É NUNCA

Do Autor:

As Solas do Sol

Um Terno de Pássaros ao Sul

Terceira Sede

Biografia de Uma Árvore

Cinco Marias

Como no Céu & Livro de Visitas

Meu Filho, Minha Filha

O Amor Esquece de Começar

Canalha!

Mulher Perdigueira

www.twitter.com/carpinejar

Borralheiro

Ai Meu Deus, Ai Meu Jesus

Espero Alguém

Para Onde Vai o Amor?

Me Ajude a Chorar

Felicidade Incurável

Todas as Mulheres

Amizade é Também Amor

Cuide dos Pais Antes que Seja Tarde

Minha Esposa Tem a Senha do Meu Celular

Família é Tudo

Carpinejar

CARPINEJAR
DEPOIS É NUNCA

7ª edição

Rio de Janeiro | 2025

EDITORA-EXECUTIVA
Renata Pettengill

SUBGERENTE EDITORIAL
Luiza Miranda

AUXILIARES EDITORIAIS
Beatriz Araujo
Georgia Kallenbach

REVISÃO
Mauro Borges
Mariana Carpinejar

DIAGRAMAÇÃO
Leandro Tavares

CAPA
Leonardo Iaccarino

Copyright © Fabrício Carpi Nejar, 2021

Texto revisado segundo o novo
Acordo Ortográfico da Língua Portuguesa

2025
Impresso no Brasil
Printed in Brazil

CIP-BRASIL. CATALOGAÇÃO NA PUBLICAÇÃO
SINDICATO NACIONAL DOS EDITORES DE LIVROS, RJ

C298d	Carpinejar, Fabrício, 1972- Depois é nunca / Carpinejar. – 7ª ed. – Rio de Janeiro : Bertrand Brasil, 2025. 21 cm.

ISBN 978-65-5838-056-6

1. Crônicas brasileiras. I. Título.

	CDD: 869.8
21-71852	CDU: 82-94(81)

Camila Donis Hartmann – Bibliotecária – CRB-7/6472

Todos os direitos reservados. Não é permitida a reprodução total ou parcial desta obra, por quaisquer meios, sem a prévia autorização por escrito da Editora.

Direitos exclusivos de publicação adquiridos pela:
EDITORA BERTRAND BRASIL LTDA.
Rua Argentina, 171 – 3º andar – São Cristóvão
20921-380 – Rio de Janeiro – RJ
Tel.: (21) 2585-2000

Atendimento e venda direta ao leitor:
sac@record.com.br

Para os familiares e amigos das centenas
de milhares de vítimas da Covid-19 no Brasil.

Nunca nos sentimos tão vivos quanto
na hora da morte.

Você não sente que algo quebrou no interior de si? Um elástico se soltou? Uma inteireza desapareceu? Uma sensação de pertencimento não foi mais recuperada? Como se a sua vida não pudesse ser a mesma em linha reta, porém em zigue-zague, aos trancos, aos empurrões?

Você não tem notado essa ruptura de naturalidade: você ri com culpa, chora do nada sem saber o motivo? Está evitando o contato mais intenso para não se afogar na saudade? Tornou-se alguém com menos palavras do que antes? Parece que alguns sinônimos foram cancelados, que não tem mais o dicionário emocional de sempre, que ele encolheu pela falta de uso? Até tem vontade de telefonar para os amigos, mas para ficar em silêncio? E não o faz pelo medo de suspirar em excesso?

Por mais que alguém negue a realidade, não assuma a grandeza da tragédia, não compreenda o que significa milhões de vítimas de uma pandemia, acabará atingido pelo mal-estar em sua rotina.

Se não for pelo luto por tantas mortes, acontecerá pela inflação, pela recessão, pela falta de gasolina nos postos, pela ausência de trabalho.

Ainda que seja por uma hora, por um minuto, por um flash. Não existem paredes que nos isolem definitivamente dos outros.

Mesmo que não tenha nenhum parente falecido, nenhum amigo, nenhum conhecido mais direto, ainda que não se assuste com os gemidos e tosses ao redor, faça pouco caso e se veja dotado da onipotência da saúde, ficará, pelo menos, incomodado que não se fala de outro assunto.

Quem não enxerga os urubus e corvos sobrevoando o céu ainda verá as suas sombras pelo solo.

A verdade é que, por dentro, ninguém mais será igual. Não haverá a normalidade costumeira. Amores e amizades não serão mais iguais. Nossa família não será mais igual. Nosso emprego não será mais igual.

Não tem como fingir que nada aconteceu. Todos cairão em si, inevitavelmente. Todos perceberão, em algum momento, que o modo de enfrentar a morte é somando as partes quebradas dentro de nós.

O pior não é perder o olfato, e sim o tato.

A morte não leva tudo.

Há algo que não daremos. Uma manta com o cheiro da pessoa, uma carta com a caligrafia, uma fotografia com a data rascunhada atrás. Pode ser um pijama ou um casaco. Um travesseiro ou um relógio. Pode ser uma xícara lascada ou um copinho de cachaça. Um pertence sublime ou banal.

Não são pagas todas as prestações do fim — uma se encontrará pendente, em aberto. Um pouquinho da presença restará conosco.

Tanto faz que soe como possessividade, apego, relutância em se despedir.

Nem todo luto precisa ser completo. Nem toda doação precisa ser integral.

A saudade é tátil, depende de um objeto para reconstituir a memória. Temos que tocar em uma superfície já que não podemos abraçar a pele e fungar o cangote como antes.

Escolhemos um talismã para dizer a nós mesmos que ficamos com um pedaço, uma parte viva de quem partiu. Para lutar contra a extinção sumária de uma vida, contra o desaparecimento ingrato de uma hora para outra.

É uma lembrança para nos inspirar a viver, para um dia — se Deus quiser — contar com condições de agradecer o tempo lado a lado, manuseando novamente as alegrias com leveza, sem culpa, sem medo do futuro.

Que os terapeutas nos perdoem, mas roubamos, descaradamente, os bolsos e gavetas de nossos mortos para manter um fragmento de sua existência por perto.

Não é por acaso que a minha mãe nasceu quando sua mãe cortava achas de lenha no quintal. Seu nascimento veio para aquecer o mundo.

Em vez de flores, minha mãe prefere receber buquês de temperos. Braçadas de folhas frescas: manjericão, manjerona, sálvia, hortelã, funcho.

Porque os temperos lembram o avental materno, que vivia sujo de vida.

Quando a avó faleceu, a mãe, ao prestar homenagem no cemitério, dispensava os tradicionais arranjos e pétalas e levava temperos verdes para colocar no vaso perto da lápide.

Ela chamava o túmulo de horta.

"Vamos visitar a horta da vó?"

Durante muito tempo na infância, acreditei que as pessoas dormiam eternamente na horta. Eram sementes. Eram plantadas em Deus.

Mas só depois do fim descobriremos qual semente era cada um de nós. Durante a vida, não temos certeza de nada.

No mesmo cemitério onde repousa a minha avó, em Guaporé (RS), eu já acabei enterrado. E ressuscitei.

Não foi uma experiência pós-morte, mas pré-morte.

Numa visita ao túmulo de meu avô Leônida, quando tinha cinco anos, eu fugi da comitiva familiar no momento da reza do Pai-Nosso de mãos dadas.

Todos saíram a me procurar pelos jazigos e lápides. O vigia não tinha me visto passar pelo portão para o lado de fora. Não se cogitava sequestro na pequena cidade do interior.

Era posto na conta como mais uma travessura de filhos pequenos curiosos, que se desgarravam das mãos dos seus protetores para se aventurar em suas distrações: seguir uma borboleta colorida, ou apostar corrida com um pássaro, ou ver onde um gato mora.

Fiquei perdido por mais de duas horas, encontrado dentro de uma cova aberta.

Estava quietinho, segurando as pernas, no centro do vazio. Recordo que procurei manter a calma depois de escorregar no buraco. Não gritei, não me debati nas paredes de barro para sair. Guardo a sensação de imprevisível serenidade, fingindo que brincava de esconde-esconde com os primos para matar o tempo da espera.

Mas um quebranto resiste em mim daquela umidade, daquele cheiro do fundo da terra, daquela solidão infindável do tamanho de um corpo, daquele som sem parentesco humano. É como se eu tivesse atravessado uma fronteira proibida.

Minha morte, desde então, estaria sempre viva.

Ninguém acredita na morte até que ela aconteça no meio da sua vida, pescando uma pessoa de sua preferência. A morte é como o demônio, mais cresce na descrença.

Nosso hábito é não levá-la a sério por superstição protetiva. Pensar na morte é morrer um pouco junto, é ser contaminado por ela.

Em nossos relacionamentos, não conversamos sobre o fim, evitamos falar de heranças ou seguros, espantamos pressentimentos fúnebres, batemos três vezes na madeira. Só a vida interessa, num esforço positivo de não apressar fatalidades.

Então, guardamos a sensação de que ela não existe, de que não é real. Na maior parte de nosso percurso, refere-se a uma possibilidade que apenas se realiza com os outros, não em nossa família. É até certo momento um medo racional e intelectual sem efeitos práticos.

O adiamento do assunto, o boicote de natureza infantil de não esperar o pior, de viver inconsciente de nossos limites, aumenta o choque. Desnaturaliza a sua aparição.

"Também é por essa confusão que muitas vezes, em nossos tempos obcecados pela eternidade juvenil, os idosos são tão mal tolerados, considerados agourentos pela sua proximidade com o fim", é o que alerta a psicanalista Diana Corso.

Quando a morte vem, nossos olhos mudam. A intuição nasce. A intuição nasce quando alguém próximo morre.

Quem enfrenta uma experiência traumática de perda não olha para o mundo e para si da mesma forma. "Viramos a esquina", para usar uma cara expressão do psicanalista Mário Corso.

Emerge uma hipersensibilidade para o escuro, para as sombras. É como se pudéssemos vislumbrar a estrada mais adiante, além do trecho que estamos palmilhando. Abrem-se as curvas do destino. É como se pudéssemos pegar objetos com a luz apagada.

Em *Harry Potter e a Ordem da Fênix*, há um animal que somente é testemunhado por aqueles que entraram em contato com a morte. Todos que nunca presenciaram um desenlace não são aptos a enxergar.

O Testrálio, espécie de cavalo alado, puxa uma carruagem. Os analfabetos da morte identificam a carruagem andando sozinha. Já os que guardaram um laço afetivo com o falecimento captam inteiramente o trote vigoroso do bicho de corpo esquelético, brilhoso e olhos arregalados.

A metáfora ilumina essa transição. Um cavalo alado não pode ser alardeado, sob o risco de quem o vê ser chamado de louco.

Por isso, a experiência da morte é tão pessoal e difícil de ser descrita. As fronteiras entre o interior e o exterior, entre a aparência e a transcendência, são removidas.

Você se transforma num desajustado do discurso dominante. Como se estivesse alucinando de olhos abertos.

Assume um estado de espírito livre da onipotência. Vive fora da idealização. O que prevalece é ser intenso e possível diante da precariedade e da provisoriedade dos dias. Tem a certeza de que vai morrer e não ignora mais o aviso. A fragilidade reforça a exaltação da sinceridade emocional contra o engano de falsos prazos.

Descortina-se uma visão do invisível. É o poder da imaginação que nos torna realistas. Quando sabemos que não sabemos tudo, reconhecemos o imponderável, incontrolável, alheio à nossa vontade.

Os que avistam o Testrálio perdem curiosamente o medo de morrer. Adaptam-se à velocidade das asas. Buscam correr e voar com o que deixaram para trás na imobilidade da eternidade (expressa em frases acomodadas como "tenho toda a vida pela frente"). Empreendem o seu tempo para realizar o que sempre adiaram: perdoar mágoas antigas, reconciliar-se gradativamente com as suas lembranças mais felizes, fazer viagens e projetos engavetados.

A despedida de um amor e de um afeto dá início a nossa própria despedida. Depois é nunca.

Onde você estava quando morreu alguém importante da sua estima? Um pai, ou uma mãe, ou um irmão, ou um amigo, ou um amor?

É bem possível lembrar exatamente o que estava fazendo, o que vestia, a hora quebrada do desconsolo.

O momento em que recebemos uma notícia grave nunca é esquecido. Gravamos com a adrenalina do medo. É uma imagem mental que será repetida exaustivamente ao longo da culpa de não estar presente e não poder fazer nada.

Até porque sempre somos surpreendidos. Você atende ao telefone pensando que é uma banalidade e é uma urgência. Jurava que se tratava apenas de uma conversa amistosa quando apareceu o nome do parente no visor do celular. Por pouco, não atenderia. Inclusive se recorda disso, de que fez pouco caso.

Você não espera o pior — não tem tempo para se preparar e raciocinar por uma melhor resposta.

Acaba engolido pelo vácuo, pela tartamudez. Sua reação é sair correndo e abandonar a ligação pela metade. Pretende fazer algo para intervir no destino, mesmo quando já está consumado. Deseja se despedir ainda que seja tarde.

Surge um esforço para recuperar o encontro recente e reprisar quando foi que se viram pela última vez, e se havia algum sinal profético de adeus. Tenta achar uma coerência no roteiro absurdo do destino, localizar uma desatenção de sua parte que explique tudo.

Jamais apagaremos a força de um comunicado de pesar que revela todas as nossas fraquezas. Pois é um trote que mudará a nossa vida, é um engano que despertará as memórias mais secretas.

Onde você estava quando o seu afeto morreu? Certamente fora de si.

A pessoa morta é muito diferente da pessoa viva, o que facilita o descrédito dos parentes com o fim. Põem na cabeça que a pessoa no caixão não é igual àquela com quem eles conviveram.

O morto possui aparência desfigurada, ainda que não tenha sofrido um acidente. A estatura é menor, os lábios se mostram escuros e diminuídos, verificam-se um achatamento dos traços, as articulações contraídas, um esvaziamento da cor da palidez ao roxo, uma serenidade silenciosa que destoa em comparação aos encontros de sorrisos e autenticidade.

Para quem está de luto, é e não é o seu finado ao mesmo tempo, num conflito que adia a aceitação.

Você, então, para não sofrer, finge enterrar um anônimo no lugar do seu afeto. É um impostor qualquer preenchendo uma suplência, atendendo à urgência de uma cova aberta.

Mesmo reconhecendo o corpo para as exéquias, não há o reconhecimento da alma, que ocorrerá anos depois. Até porque a peculiaridade da alma não se encontra mais no contexto.

Mergulha-se numa insensibilidade desinteressada, no cumprimento de uma formalidade, numa cerimônia vazia.

A mentalidade dos que comparecem ao velório é de que se despediram de alguém que simplesmente não conheciam.

O período mais angustiante do luto é a manhã, quando você ainda não ligou a sua máquina de existir e os sonhos embaralham o seu discernimento.

Por um lapso de consciência, ainda acredita que aquilo que aconteceu foi um pesadelo. Extravia o domínio da realidade com os movimentos suspensos e formigando, distraído com o fluxo interior de imagens da noite passada.

Tem uma trégua de incredulidade até o desjejum, até despertar inteiramente. Enquanto não acorda de verdade, entre bocejos e olhos remelados, vive um hiato da racionalidade, onde ninguém partiu, em que nada mudou, em que a data não se movimentou para frente no calendário.

Só que o aparente alívio traz a repetição da dor, porque você terá que lembrar a perda. A cada manhã, a cada tomada de consciência, o enlutado recebe de si a notícia da fatalidade de novo. É um Sísifo vendo a pedra levantada ao cume escapar de suas mãos e rolar outra vez desfiladeiro abaixo.

Enfrenta o baque de se deparar — como se fosse a primeira vez — com o falecimento de quem gostava. É um choque reincidente, já que quem morreu morrerá todos os dias depois de parecer que não morreu no espaço nebuloso da fantasia e da lembrança.

Não devemos jamais banalizar o luto.

Quem perde alguém de sua estima parece controlado. Porque a estabilidade é uma forma de permanecer fiel à vida anterior ao desastre.

Atua no plano automático e superficial de suas responsabilidades. Continua pagando as contas no início do mês, continua fazendo mercado, continua preparando almoço e janta, continua trabalhando. É o sofrimento silencioso da negação antes do sofrimento barulhento da aceitação.

Pode até sugerir que é forte, ou absorveu a falta melhor do que imaginávamos, ou que se encontra firme diante de uma morte recente.

O sofrimento é mais fundo do que somos capazes de enxergar. Não eclodiu no plano da consciência.

A rotina prossegue naturalmente por uma questão de vigília. A pessoa vai repetindo a si.

Em seu mundo interior, ainda não absorveu aquilo que aconteceu. A incredulidade mantém a normalidade.

Acha que o fim foi um engano, que o afeto voltará a qualquer momento. Daí a dificuldade congênita de doar as roupas, os sapatos, de esvaziar as gavetas, de alterar a ordem da casa um centímetro que seja.

O enlutado transmite uma imagem de que está bem, pois não mudou nada desde que soube da notícia. Ainda não se transformou. Ainda não saiu da realidade que existia antes do baque. Está esperando uma confirmação. Não admitiu a separação. Trata a morte como uma lacuna contornável ou uma viagem para longe.

A calma é a parte mais perigosa do luto, a véspera do tormento agressivo.

Eu sempre temo a ausência de lágrimas. É verdade sendo adiada.

Mesmo cuidando diretamente do velório, do enterro, da parte legal da despedida, agradecido as condolências, é como se fosse relativo a um desconhecido, não a quem amava. Não significa que entendeu o que vinha ocorrendo. O impulso de autoproteção é despersonalizar a morte.

Quando despontar a certeza da ausência, haverá um *poltergeist* de talheres entortados, de pratos quebrados, de janelas batendo, de sustos raivosos de saudade e de pesar.

O perturbador do processo é que, ao descobrir que o ente querido realmente morreu, o enlutado fica com a sensação de que foi ele quem morreu, foi ele quem desapareceu, foi ele quem extraviou o sentido da vida. Há uma inversão, o ímpeto de se colocar no lugar do outro, de querer ter morrido no lugar do outro.

"Por que não fui eu?"

O enlutado passa a morrer várias vezes ao dia. Não subestime a veracidade desses apagões. É a maior dor que existe, a dor do desamparo. Não poder desabafar com quem está morto, logo a quem costumava pedir ajuda, quem saberia consolar e lidar melhor com a situação.

A dor da perda é como uma panela de pressão. Não podemos abrir na hora em que uma chama em nossa vida se apagou. É necessário liberar o vapor aos poucos. Aos sorvos. Para não sermos queimados pela alta temperatura da saudade.

Quem tenta descerrar a tampa logo que um falecimento acontece pode explodir a esperança, a fé, a confiança em Deus e em si mesmo. Temos que respeitar a trava de segurança.

A fumaça que virá primeiramente é a do susto, do choque. Você não acreditará que não poderá mais ver ou conversar com quem recentemente se mostrava acessível. Duvidará do tempo linear e cronológico, feito somente para a frente. Pensará que existe um plano paralelo, ainda com a presença do ente querido, onde é possível abraçá-lo e beijá-lo. Passará a caminhar para trás, recuando ao passado, para proteger a memória, lembrando de detalhes que nem julgava possuir.

Logo depois virá o sentimento de culpa. Vai se mortificar por não ter estado mais próximo. Por não ter acompanhado o desenlace com total devoção, por não ter intuído o fim. Até acreditará que, se testemunhasse o último suspiro, a história seria diferente — ressuscitaria o coração com a ternura do socorro e com o clamor ao infinito. Todo enlutado jura que é capaz de um milagre.

Em seguida, conhecerá a raiva e condenará o morto por morrer. Quando perdemos alguém que amamos, somos impregnados de uma inexplicável cólera: Por que ele não se cuidou? Por que ele foi imprudente? Por que ele não me ouviu? Por que ele me deixou?

Após gritar e se desesperar pela completa atitude de negação, provará na boca a mais amarga tristeza da nossa condição humana. Um gosto de terra molhada, como se você tivesse sido enterrado no lugar de quem partiu. Faltará ar para as palavras mais simples e prosaicas. É a asma do amor que roubará o seu pulmão por alguns meses. Mas algo terá mudado em sua relação com a morte. Estará aceitando a ausência e o fato de seguir adiante apesar dela. As lágrimas resgatam o poder de reagir. Enquanto o choro não se consuma, permanecemos presos ao rancor.

O derradeiro ciclo da panela de pressão é o da gratidão, no momento em que você revive os conselhos e lições herdadas. Já não reclama da precocidade dos laços, não acha que foi um engano, não mais amaldiçoa ninguém, não se sente injustiçado. Reconhece a herança perene em sua personalidade, um jeito de rir ou de se portar parecido com o daquele que se foi.

O sofrimento não tem atalhos. É sair da estrada e abrir um novo caminho de aceitação na mata fechada.

A despedida nos ensina a dura lição de comemorar o nascimento em vez de unicamente lamentar o fim.

Antes de morrer, todo paciente apresenta ligeiros sinais de melhora, num impulso inacreditável de recuperação.

Os familiares e amigos se enchem de esperança pela reversão do quadro, mas é o esforço derradeiro gasto para se despedir, uma mobilização para subir à tona da gravidade da doença, para não falecer em completo baque do silêncio antes de entregar as palavras finais.

São ressurreições providenciais, de curto prazo. Como se o paciente terminal desfrutasse da cortesia divina de ter a saúde reposta por algumas horas para dar adeus. É o direito à última valsa que antecede o coma.

Nesta trégua, são chamados os mais próximos para perto. E testemunham-se o choro, a bênção, a gratidão em relampejante período de consciência.

A impressão é que o enfermo está livre de riscos, sereno e de olhos claríssimos, reassumindo o leme de sua linguagem, dono de novo de sua navegação. É provável que ria e faça ironias. Não duvide de que retome a disposição de antigamente, ajeite a coluna para impor a voz e se preocupe com questões cotidianas como o cachorro ou a temperatura na rua.

Logo mais, inesperadamente, acontecerá o óbito. Não dará nem tempo para a família chegar em casa.

Recordo-me do caso de um paciente terminal com câncer de fígado em Porto Alegre (RS). Não havia mais como frear a metástase. Para surpresa da equipe de atendimento, o homem se levantou calmamente da cama, caminhou até a janela, inebriou-se com a melodia do ar e exclamou: "como é bonito isso tudo!"

Em seguida, voltou para o leito, cobriu-se com o lençol branco e fechou os olhos para sempre.

Médicos e enfermeiros conhecem essa cena de cor: os dedos do paciente e do seu familiar se entrelaçam como um nó. Com muita força. Com uma fé que não permite nenhuma fresta. Não há como a vida escoar dali.

Não são mãos dadas, mas mãos apertadas. Como duas pessoas segurando juntas a pedra invisível e preciosa da amizade.

Parece que tem algo escondido na concha do gesto. Talvez a alma.

É o cumprimento do adeus, o abraço com um só braço, o aceno da paz derradeira, o suspiro da carne.

Nesse momento, o paciente sabe que vai morrer. Não tem mais como esconder a verdade. Compreendeu os seus limites e a decisão do destino. De modo nenhum quer ir embora, porém entende o que significa estar acompanhado durante a passagem. É agradecido por se despedir, por ter essa chance de confiar em alguém e dividir as suas dores.

Reúne toda a motivação possível no meio da doença e da debilidade física para repassar um incentivo a quem fica.

As mãos choram: agradecidas, firmes, inseparáveis. É um ato de beleza e de verdade que transcende o nosso entendimento. É como rezar em altíssimo silêncio.

As mentiras ditas na despedida de alguém não são mentiras, mas cuidados.

Não pode existir culpa por estar faltando com a verdade, porque está sobrando atenção.

Se você falar a alguém que está morrendo que logo ele vai sair dali, da cama, do hospital, é seu amor que fala por você. Ninguém precisa ser realista com a morte.

Deixar ir já é difícil, mas a consciência da finitude não pode ser maior do que o rito de proteção.

O que o paciente terminal busca é descobrir o quanto é amado, o quanto é admirado por detrás das palavras. Não importa muito se as promessas vão acontecer, já que não são profecias.

A fé é estar presente no instante derradeiro e não descortinar o futuro. Nem sempre alcançamos a cura, mas nunca deixaremos de dar um pouco mais de conforto e ânimo.

Todos os parentes e amigos dissimularão otimismo diante da perda iminente de um ente querido. Não é para enganar, mas para acomodar a dor, para que se encontre uma posição menos desconfortável na lembrança.

As frases de incentivo diminuem o desespero do testamento, a ansiedade no adoecido de repetir o carinho já conhecido.

Muitos dos familiares, no leito de morte, colocam a mão na boca do paciente e pedem silêncio, mesmo sabendo que jamais vão ouvir aquela voz de novo, mesmo querendo escutar juras de devoção como nunca antes.

A intenção é poupar o esforço de quem está frágil, não fazer o outro sofrer mais.

O padre Fábio de Melo confessou que desconversou sobre a gravidade do momento para a sua mãe Dona Ana, 83 anos. Era um adeus disfarçado em "até logo".

"Eu disse pra ela assim: 'Mãe, a senhora vai dormir agora um pouquinho, que a senhora está muito cansada, e, quando a senhora acordar, eu prometo pra senhora que vai estar tudo bem. Não vai ter mais falta de ar, a senhora vai estar pronta para ir para casa.'"

Não significou uma deslealdade, e sim a encomendação da alma, uma ajuda para arrumar a bagagem. Ele foi pai de sua mãe. Na hora da partida dela, quis que ela não fosse sem nada, que não chegasse aos céus de mãos vazias, que levasse a esperança dele.

Quem morre carrega a nossa esperança. Quem fica recebe a saudade em troca.

Se a mãe nos dá à luz, precisamos dar sombra para ela em sua morte, a tranquilidade da confiança de que vamos continuar nos cuidando.

Quando a minha esposa Beatriz perdeu a mãe, há seis anos, lembro que brigou com a funerária porque a equipe não tinha posto a roupa separada para a cerimônia. Não aceitou, não deixou passar. Bateu o pé, a boca, para que honrasse o planejado.

Era para ser o melhor vestido. Aquele vestido creme de que Clara tanto gostava, que não causava erro, que a incentivava a rir com volúpia e desenvoltura com as mangas soltas.

Pode parecer bobagem, mas, para quem está enterrando a pessoa predileta de sua vida, todo detalhe é decisivo. Seria a última vez que enxergaria a sua mãe. Seria a imagem derradeira, a que arderia os seus olhos de lágrimas quentes para sempre.

Beatriz preparou os cabelos, a maquiagem, como se fosse mãe de sua mãe. Foi uma dedicação extrema de espelho, devolvendo, num único ato, todos os momentos em que Clara fez meticulosamente as suas tranças na infância e na adolescência.

Era o último punhado de areia deslizando na ampulheta. O resto dos grãos do café do tempo entre as duas, preso no coador de pano.

Ela trocou de papel com a mãe. Era a protetora, a que tirava alguma mancha da veste com a saliva, a que fixava a franja com os dedos, a que não se importava com o vexame do apego.

Velar é embalar o morto até dormir, sussurrando em seus ouvidos uma canção de ninar de conhecimento mútuo. É mais do que zelar pela aparência, é se preocupar em ser leal com os desejos de quem parte.

A morte de mãe e pai não nos desliga deles.

Meu amigo Zé guarda até hoje uma garrafa de água pela metade na geladeira, gargalo do último brinde de seu pai ao falecer, há mais de quinze anos.

Ninguém tem ideia do que significa aquilo: não acabou, nunca vai acabar. A relação jamais se encerrará entre eles. A garrafinha estará sempre com vida para ser bebida.

O que é despedida senão nos esforçarmos mais para estar presentes, para lembrar, para fazer o que prometemos? Temos que trabalhar mais a memória, os ouvidos, a atenção.

As conversas não serão mais fáceis, fartas, abundantes, mas não deixarão de acontecer. Você não terá o direito de abraçar, só que sentirá a pele aquecida e estremecida de repente, reconhecendo a assinatura do toque.

Não se assuste, nem duvide da veracidade do encontro, você saberá quem é sentindo. Sentir é tudo depois da morte. Não dependerá de confirmações, de avisos, de sinais. Será a única testemunha do fenômeno. Assim como respiramos o olor de uma refeição sendo preparada mesmo muito distantes.

Você não pode mais olhar sua mãe, mas seguirá sendo permanentemente cuidado. E cuidará dela se cuidando.

Não é porque ela morreu que ela não mais escutará os seus apelos. Não é porque ela morreu que não receberá mais colo. Continuará sendo socorrido, acolhido, compreendido. Experimentará uma lucidez dentro da dor que jamais conheceu antes.

Quando uma pessoa importante vai embora, não é o fim, é apenas o momento de se acostumar a amar de um novo jeito. Não é uma ruptura, é a manifestação mais contundente de uma ligação atemporal.

Há números telefônicos de amigos falecidos que não tenho coragem de excluir. Às vezes, esbarro em um deles e choro, e daí faço um telefonema espiritual entre a oração e a lembrança. Não sei se rezo ou lembro, as duas operações estão misturadas. Engulo as lágrimas como se fossem palavras inéditas entre nós.

Jamais descarto. Longe de mim mandar na saudade. Não há como apagar quem permanece vivo em mim. Mesmo que seja uma recomendação terapêutica para aceitar o luto.

Conservo os dígitos como uma fotografia numérica de todas as conversas que tivemos, de todas as confissões sussurradas ao pé do ouvido, de todas as andanças por dentro da memória. Ainda preciso de conselhos, ainda preciso de incentivos — a morte é um detalhe para quem tem em mente o conjunto de uma vida.

Não podemos deixar nossos mortos somente no cemitério, mas espalhá-los pelos mais miúdos gestos, para continuarem acontecendo.

Pai e mãe são corredores que unem a sala de estar ao quarto da infância. São ligações internas, interurbanos da alma. Sem o corredor, a casa não conversa e você não se escuta mais.

Apague aqueles que lhe fizeram mal, com o perdão da amnésia, e mantenha aqueles que lhe fizeram bem, na mais profunda gratidão.

Só posso ver a dor do outro pela janela, não há como dividir o mesmo ambiente e sentimento ou querer sofrer mais do que aquele que realmente tem motivos para sofrer.

Não tenho licença para entrar no sofrimento que não é meu. No interior do interior de alguém. Ou tomá-lo como se fosse parte da minha experiência. Empatia não é dividir a dor, mas respeitar a dor, permanecer próximo caso seja chamado, mas manter o distanciamento.

Quem sofre por uma morte precisa de espaço. Quem sofre precisa respirar. Quem sofre precisa de área livre ao redor. Está soterrado de uma ausência.

Quem sofre carrega um corpo que não enxergamos, dá colo a um falecido que não percebemos.

Não sufoque, não pressione, não fique em cima. Até o abraço demorado incomoda.

Preocupe-se moderadamente, mas não monopolize a atenção. Não sugue toda a energia do outro que já está escassa. Não estabeleça um interrogatório e perguntas indiscretas de detalhes da perda no meio da perplexidade. Não permita que a curiosidade seja maior do que o ato de confortar.

Respeite a solidão não permitindo que a pessoa se considere só. Essa é a façanha: ficar ao lado, não grudado.

No ventre da grande dor, só cabe um de cada vez. Só nasce um de cada vez.

A grande dor é muda. A comunicação se dá por um segundo cordão umbilical que surge, repentinamente, em nossa boca. Não existe mais a voz, porque é uma conversa direta de pensamento a pensamento. A alma de quem faleceu será alimentada pelos nossos exemplos. Não viveremos mais por nós, como antes, viveremos também para continuar os propósitos de uma vida que findou.

A responsabilidade de ser feliz aumenta com a morte de alguém. Estranhamente, temos mais motivos para viver, para não desistir, para não desperdiçar todo um legado, toda uma memória. Tornamo-nos testemunhas de uma história, o único exemplar que sobrou daquela biblioteca.

Continuar, seguir vivendo, são comandos que aparecem com frequência para o enlutado, como ordens internas, como berros espirituais do antigo eu para o novo eu.

Porque a morte será sempre inexplicável, mas temos a obrigação de justificar e proteger a vida até o último esforço.

Choraremos com a tinta dos olhos, depois choraremos com a tinta das palavras, e ainda estaremos chorando pelos gestos e manias por um longo tempo.

O enterro não será de um dia para o outro. Talvez perdure para sempre. Talvez, pelo resto da vida, estaremos nos despedindo um pouco por vez de alguém amado. Será um punhado de terra arremessado a cada amanhecer, será uma rosa ofertada a cada entardecer.

Demora mesmo para aceitar e reconhecer os nossos limites, para respeitar uma cadeira vazia, para sincronizar a memória com a realidade.

O ponto zero de nossa existência descende desse ponto morto. Só nos resta elaborar uma urgência de viver, inventar um propósito para disfarçar a ausência, um significado para acomodar a falta.

Não haverá mais como adiar nenhuma admiração. Deveremos juntar gentilezas, reaver a empatia, preocuparmo-nos mais com os amigos e familiares, não esperar um momento ideal para nos fazer presentes.

Que o aceno de adeus seja um reencontro conosco, que o aperto no coração seja um abraço por dentro.

Entenderemos que seremos felizes outra vez, mas agora tolerando a imperfeição, aprendendo a conviver com a dor.

Não pararemos de sorrir porque dói.

Há nome para quem perdeu a esposa ou o marido: viúvo. Há nome para quem perdeu os pais: órfão.

Não há nome para quem perdeu o filho. Porque não pode mesmo ter nome. Não existe como batizar, como explicar, como ser resumido em uma palavra.

Trata-se de uma dor inominável. A língua portuguesa é também mãe e não suportaria participar dessa violência, dessa inversão abissal, dessa ruptura da cronologia biológica.

A terra, inclusive, cúmplice das lágrimas, encolhe-se de vergonha diante do caixão pequeno.

É uma brecha proposital. O silêncio vem como uma homenagem a todos os pais e mães que foram obrigados a dar adeus às suas crianças e adolescentes.

Não existe possibilidade de sinônimo, enfrenta-se uma nomeação impossível, indescritível. Como chorar sem força, como falar sem som, como ouvir o próprio batimento mais alto do que qualquer voz por perto.

Enterrar um filho é se virar sem a esperança dali por diante. O órgão da esperança foi extraído como um rim, um pulmão, clandestinamente.

Uma manhã desperta-se com a costura na carne, absolutamente inconsciente do momento da cirurgia.

É nunca mais cicatrizar a ferida. Mantê-la aberta, como um segundo sorriso na pele.

Pois a ferida é o que ficou do filho. É o que resta do filho.

As alegrias terão sempre uma sombra, um quarto fechado, uma cama vaga, um armário com os cabides enfileirados.

Ninguém é capaz de descrever esse vazio, nem ouse tentar. Talvez seja o sofrimento mais próximo da loucura.

É imaginar tudo o que poderia ter acontecido como se fosse real e lembrar-se de tudo o que aconteceu como se fosse um pesadelo.

É aniversariar saudades. É não aceitar os propósitos da vida e seguir vivendo mesmo assim. Um dia depois do outro, para ver se o tempo começa a passar rápido na tristeza.

Qualquer pai ou mãe que tem o filho arrancado pela morte deseja que o tempo passe rápido. Só tem esse pedido. Que passe rápido.

Até o filho ausente virar uma dor adulta, para a dor envelhecer no lugar de quem cedo partiu.

Não posso nem chamá-lo de caro ou prezado. Educação e respeito vão soar como cinismo, já que apressou a morte de seu próprio filho.

Tampouco posso chamá-lo pelo sobrenome para indicar formalidade. Perdeu o direito do sobrenome. Seu filho pequeno está enterrado em seu sobrenome para sempre. Ele carregava seu sobrenome, você não soube carregar coisa alguma dele.

Quando seu menino acordar dentro da morte, ele vai chamá-lo. Assim como toda criança chama seu pai quando tem medo do escuro. Vai chamá-lo, e onde estará?

Ele acreditava que você era o herói dele. Estava exagerando para pedir que o salvasse, não entendeu o apelo?

Você nem pai foi. Nem homem foi.

O que dirá para a irmãzinha dele? Que ele está no céu?

Perdeu também o direito de mentir. É você e sua memória sozinhos no silêncio. Só sobeja a memória para quem matou a consciência.

Não entendo o que leva um homem a anular sua família anterior por uma nova namorada. O sexo é mais importante do que a paternidade? A bajulação é mais importante do que a ternura? Queria estar disponível para festas? Cortar gastos?

Fingiu que o menino não existia para não atrapalhar a ambição da sua mulher? Fingiu que o menino não havia nascido para atender à exclusividade da sua mulher?

Filho não é escolha, é responsabilidade. Já casamento é escolha.

Se a mulher não gostava de seu filho, não deveria ter recusado o relacionamento?

Como seria simples. Bastava dizer "Ou meu filho ou nada!". É o que se fala no início do namoro.

Para você, nada.

Não é que você não tem mais nada, você não é mais nada. Abdicou de seu filho para ficar com alguém. Você não se contentou em abandonar sua família para criar uma segunda família, você aniquilou sua família para criar uma segunda família.

Há quem espere fora de casa porque perdeu a chave, há quem espere fora da alma porque matou o filho.

Depois que se perde um filho, não há nada mais a perder. Não há mais nada a temer. Não há mais fronteiras, barreiras, dúvidas, vacilações. Não há posses ou limitações financeiras. Não há vergonha pública nem medo da loucura. Não há receio de ser sincero. Não há adiamentos. Não há meio-termo ou negociação de prazos.

O pai e a mãe que arcam com tal apoteose de saudade são bichos feridos, lambendo a cria em sua dor. Não toleram consolo. Não aceitam condolências. Não admitem atenuantes ou sentenças tranquilizadoras de que "foi a um lugar melhor", ou que "teve a passagem de um anjo na Terra", ou que "é uma questão de tempo para passar o sofrimento".

A morte é uma ofensa pessoal. Viram ateus do destino.

A grama não crescerá ao redor do jazigo. Eles estão dispostos a tudo pela verdade, pois já atravessaram o nada, o nada que é gerar um filho e logo vê-lo partir no abismo da casualidade.

Não duvide da coragem que existe no maior sofrimento que é a morte de um filho, nas inconsequências avassaladoras que vêm após uma perda tão imensa.

Nada os fará desistir de entender o que aconteceu, como aconteceu, o motivo de desacontecer a paternidade ou a maternidade justamente com eles.

Não é apenas um filho que morre, mas a condição de pai e de mãe — antes vitalícia — que é arrancada sumariamente de suas vidas.

São despejados de suas funções, da memória de suas significações tutelares.

Como assim, não sou mais mãe? Como assim, não sou mais pai?

Era o filho que me tornava mãe ou pai? Alguém deixa de ser mãe ou pai?

Temos uma tendência para o autoboicote.

Conspiramos contra o que sentimos, como se pudéssemos controlar a enxurrada emocional sozinhos.

A água dos olhos não é mais uma goteira, alagou a casa inteira, os móveis estão boiando em nossa tristeza, já mergulhamos mais do que respiramos, e não soltamos o grito de socorro. Não expressamos a gravidade das preocupações.

Repare: sempre que alguém nota o nosso desamparo e pergunta o que houve, reagimos com "não é nada". Omitimos nossos desconfortos com o nada.

Quando falamos que não é nada, é sério. É a resposta convencional para todas as tragédias pessoais.

É nada quando nos separamos, é nada quando estamos deprimidos, é nada quando somos demitidos, é nada quando adoecemos, é nada quando um colega do trabalho foi desleal, é nada quando sofremos *bullying*, é nada quando a morte busca alguém querido.

Tentamos despistar, blefar normalidade diante da enchente levando a nossa alegria de viver.

Por que não pedimos ajuda? Ou melhor, por que não aceitamos ajuda?

Pois estamos condicionados a pedir ou aceitar ajuda somente em urgências. Mas a questão é que não conseguimos determinar quais são as urgências em nossas vidas. Só serão percebidas em retrospectiva, quando estivermos sem voz para o resgate.

O choro poderia secar antes do vazamento de nossos traumas. Poderia ser suspenso com o afeto do outro, com o colo, com o ombro, com as palavras amigáveis, com a mão espalmada para nos levantar. Mas escolhemos não falar nada, alegar que é nada.

Terminamos nos anulando nas grandes dores, pelo hábito de não dividir os aborrecimentos, de não querer ser vistos nas pequenas dores.

A rede de afetos deve ser formada antes de um acidente ou de uma fatalidade, pelo exercício diário e constante da confissão. Ela é que vai nos salvar de uma queda livre repentina. A lona das amizades estará estendida no solo para amortecer eventual tombo.

Criar uma rede de afetos no momento do maior sofrimento é quase impossível. Ou ela existia previamente, ou não contaremos com condições de firmar amizades curativas de última hora. Não há amizades tampões. Que nos ajudemos antes para nós sermos ajudados depois.

Boicote é orgulho, orgulho é falta de sinceridade consigo. Existe um padrão dominante em nosso comportamento para desmerecer as impressões, a subjetividade, os pensamentos. Deixamos, assim, que o medo cresça sem censura, por receio de incomodar alguém, submersos na conclusão de que ainda não é tão grave assim.

Não querendo nos desesperar, somos arrastados para fora do nosso centro. Não querendo exagerar, enfraquecemos as nossas defesas.

Terminamos por nos afogar em nossas lágrimas.

Mas eram só lágrimas, como isso aconteceu?

Nunca são só lágrimas.

Meus pais tinham uma dezena de irmãos. Assim como os pais de minha esposa. Outros períodos históricos, outros estilos de criação: filhos eram gerados como mão-de-obra, para continuar um negócio. Nasciam já empregados, para colaborar na lavoura ou no comércio. Crianças pegavam na enxada ou atendiam atrás do balcão.

Isso quando nasciam. Não havia solenidade com a morte. Os lares contavam sempre com um velório infantil.

Ou se morria no ventre, ou por causa dos perigos da rua. Ou por alguma doença, ou por uma fatalidade.

Morria-se de pneumonia, de descuido, de poliomielite.

Nascimento não oficializava filho, era preciso ainda sobreviver.

Os antepassados, por prevenção, deixavam para registrar o rebento meses depois no cartório. O registro do vivente nunca coincidia com o nascimento – ele acumulava aniversário duplo.

Não se comemorava gestação, não se realizavam anúncios ou revelações públicas. Mães trabalhavam discretamente até o parto dentro de casa. Davam à luz de cinco a quinze bebês, uma gravidez atrás da outra. Dificilmente todos entravam na fase adulta. Raramente alcançavam a velhice – espécie de loteria da resiliência.

O que parece uma desproporção para a atualidade, com média nacional de 1,9 filho por família.

Junto às criptas fúnebres dos avós, nos cemitérios do interior, localizava-se a cruz de um anjinho. Com a data de nascimento próxima da data de morte, numa matemática macabra.

Bebês quase usavam o mesmo grito de nascimento para a sua despedida, tornando-se verdadeiros relâmpagos da existência.

Qualquer casa apresentava em seu histórico uma criança morta, um fantasma mirim, alguém cujo fim precoce lamentar e por quem rezar rolando as pedras do terço.

Convivia-se naturalmente com as ausências. Os nomes que não eram aproveitados terminavam repassados para os sucessores. O pintor holandês Vincent Van Gogh, por exemplo, herdou a nominação do natimorto que o antecedeu – ou seja, no fundo do terreno do quintal, observava uma lápide com o seu batismo.

Filhos se viravam, indecisos entre o sustento e o estudo; ou fazendo ambos, ou não podendo frequentar a escola. Não existia infância para brincar, logo emancipados a suportar a carga e as responsabilidades da maioridade, sujeitos a acidentes, sem nenhuma proteção.

Nossas figuras materna e paterna são da cultura em que morrer não rendia cerimônia. Lamentava-se por uma semana, e resolvia-se o luto observando as estrelas e contando histórias perto do fogão a lenha.

Os berços de madeira entrelaçavam suas tábuas com as argolas dos caixões.

Um dos complexos do meu pai foi dividir a escova com a sua irmã Elisabete e acompanhá-la morrer de tuberculose, aos doze anos. Ele jamais compreendeu como escapou do contágio e tampouco como ela sumiu de repente. O mistério trazia respeito.

As famílias sofriam uma baixa, uma perda, invariavelmente. Uma cama evocaria a história, um lugar na mesa reforçaria o pesar, brinquedos seriam repassados adiante como parte do enxoval do próximo ente querido.

Não se separava morrer e não morrer. Não representavam dimensões opostas, conceitos antagônicos. O sobrenatural não perturbava, tampouco ameaçava os hábitos. Não se temiam as lâmpadas falhando, barulhos de passos no assoalho e as janelas batendo. Não se culpava Deus por aqueles que partiam cedo, mas se agradecia a Deus por aqueles que permaneciam.

Época em que se acreditava que um dia todos se encontrariam novamente no céu – era só uma questão de tempo.

O orgulho é fundamental quando você sofre um luto, como escudo de sobrevivência do ego.

Você se resguarda estando muito frágil. Você se economiza não podendo se repartir. Você se vale de uma proteção para não se ver refém de uma situação expressivamente desfavorável.

O orgulho tem o valor de vaidade concentrada, em especial nos momentos de desvalia. É uma cápsula descolada da nave espacial para chegar mais longe, para continuar seguindo, para não ser apanhada por asteroides.

Quando você acaba um casamento, é o orgulho que o inspira a se matricular na academia, a cuidar da saúde, a viajar sozinho, a realizar cursos e sonhos antes adiados dentro da relação.

Ao escutar de alguém que não conseguirá determinado feito, aciona a propulsão do orgulho. Sente-se desafiado a provar o seu talento. O equivalente a demonstrar a sua envergadura.

Você investe em si para calar as expectativas e o burburinho de que não é capaz de certas coisas.

Quando um familiar morre, você sugere não ter se abalado e cuida de todos os encargos do velório e do enterro. Não é insensibilidade, mas orgulho segurando as rédeas da sua vida. É um chamado para a responsabilidade. Atende a tal apelo urgente e deixa para sofrer depois. Consola e conforta os conhecidos com distanciamento, como se não estivesse ali presente.

O orgulho apresenta uma condição de piloto automático em nossos desastres. Uma capa contra ofensas.

O grande erro é não entender que o orgulho é um remédio paliativo. Cumpre um papel provisório de nos fazer resistir em períodos de privação e provação. Como se fosse a placenta da dor. Depois, temos que jogar fora.

Orgulho funciona como uma teimosia de existir, uma reserva de emergência para não sucumbir a traumas. Uma reação de contenção à fragilidade exposta, em que atacamos para nos defender, em que nos mostramos mais decididos do que o normal. É uma resposta do amor-próprio quando ameaçado. É uma exaltação descompensada de si para não ser arrastado junto com quem partiu.

Por isso, há a expressão "orgulho ferido". O orgulho ferido vem de um sangramento. De uma falta. De algo que saiu do lugar. De um deslocamento da rotina.

Traz um tanto de raiva ("Eu não merecia") e insubordinação ("Não vou agradar mais ninguém"), um tanto de agilidade e de radicalidade. Parece um superpoder, o que dificulta abdicar dele após a retomada da normalidade. Você se sente apto a qualquer desafio, focado e absolutamente desembaraçado. Não pensa, mas realiza. Não hesita, oferece o exemplo.

A questão delicada é que não há como ser orgulhoso por muito tempo. O orgulho inibe o senso de justiça, de empatia, de solidariedade.

Você entra num modo de competição predatória, de desconfiança, não acreditando em mais ninguém, a não ser em si mesmo. Você adota uma postura de oposição, de estarrecimento cético, de ser sempre do contra, de generalizar a discórdia sob o pretexto de ser sincero custe o que custar.

Orgulho prolongado vira cegueira, de perigosos efeitos colaterais. A automedicação a curto prazo não deve ser estendida em vício.

O orgulhoso é reativo à oferta de préstimos e de auxílio. Ofende-se com qualquer manifestação colaborativa, criando distorções de sua autossuficiência, pois compreende que precisar de algo é sinônimo de apequenamento, um atestado de inferioridade.

O orgulho jamais une, jamais triunfa na mediação de conflitos. Ele abole o pedido de desculpa e a autocrítica. Só separa as pessoas. Só aumenta as diferenças. Só facilita a paranoia e a mania de perseguição.

Você está sempre certo, nunca o outro. Você está sempre sendo enganado. Você não respira novos acontecimentos, transpira ressentimentos. Você torce pela democratização da infelicidade, deseja que o outro sofra o que você sofreu, que prove do veneno para entender o que passou, que engula tudo o que ficou engasgado em sua garganta.

As amizades são inviabilizadas, pois desconsidera quem não teve experiência de pesar semelhante à sua. Qualquer conselheiro é visto como um concorrente procurando roubar o lugar de seu penar.

O orgulho previne que você sofra, mas não evita que faça os demais sofrerem.

Com ele, você alcança os objetivos de resiliência, mas, com sua presença em demasia, acaba se isolando e sacrificando todas as suas vitórias e afetos.

Uma das conversas mais tensas com minha mãe de 82 anos foi sobre a finitude.

Ela pediu, caso não estivesse mais entre nós, que transferisse todas as ligações que eu sempre fazia para ela durante as manhãs para os meus três irmãos.

"Fale com eles como se fosse comigo, fiquem próximos, se ajudem."

Eu não desejava projetar um futuro com a sua ausência. Não tinha o menor interesse e tampouco preparo psicológico para enfrentar tal cenário. Ela se encontrava com saúde, não havia diagnóstico rondando as suas expectativas, mas ela fez questão de manter uma conversa adulta e serena a respeito de providências pós-morte.

Como não admitia a sua mortalidade, ela me calou com uma frase de impacto:

— Você me ama porque um dia vou morrer.

Eu demorei para responder. Aliás, não respondi. Constrangido, abracei-a. Tenho a mania de abraçar para não olhar nos olhos quando me vejo prestes a chorar. Criei essa fuga educada na infância.

Era uma conclusão penosa de aceitar. Sim, não havia dúvidas disso; eu a respeitava pela fragilidade, por ser de carne e osso, por não ser imorredoura, por me exigir presença e plenitude enquanto ainda permanecíamos lado a lado.

Se ela durasse para sempre, eu poderia adiá-la, não cuidar das palavras, poderia protelar o carinho, espaçar as visitas, não apresentar nenhuma ansiedade e sofreguidão.

A saudade é pressa de estar junto. A saudade é uma falta de toda a presença que ficou.

Quanto mais pudesse ficar sem ela, mais a amava.

E também é um fato: amamos mais depois da morte.

Tenho um amigo que passou a infância em Búzios (RJ).

Ele sempre se banhava na praia de João Fernandes com os pais.

Enquanto mergulhava, batia a vontade de nadar até a Ilha Branca, um rochedo que chamava atenção por estar isolado mar adentro, somente cercado pelas águas.

Parecia uma ilha deserta, vazia, propícia para a exploração e aventuras.

O pai, não querendo que ele fosse ao fundo e com medo de que se afogasse, inventou a história de que aquele pedaço de chão flutuante era maldito. Quem ali chegasse, morreria.

Óbvio que, depois de adolescente, excelente nadador, descrente do faz de conta, ele alcançou o prodígio de pisar na pequena área verde. Não encontrou nada a não ser o tédio dos corais e um mirante da calmaria azul.

Não aguentou guardar para si a previsível descoberta e zombou da brincadeira.

O pai respondeu:

— Agora já compreendeu o valor da vida. É ir e ter o luxo de voltar para contar ao seu pai.

Minha amizade com Carla vai além do privilégio de sermos irmãos. Partilhamos da mediunidade, do fascínio pelo outro lado, das coincidências que são vidências.

Há abertura para dividir as notícias da intuição, relatar sonhos, entender a simbologia do desconhecido. Não existe covardia perante fantasmas e avisos sobrenaturais.

Damos voz aos mortos, fazendo renascer o vivo dentro de cada um.

Jamais sairíamos correndo ou gritaríamos se fôssemos procurados por algum espírito. Pelo contrário, faríamos com que ele não tivesse medo de nós e se aproximasse para desatar os seus próprios nós.

Nem acreditamos em almas penadas, mas em almas depuradas, procurando a evolução. Não vai embora daqui somente quem não encontrou a porta. Não custa nada indicar a saída pelo reconhecimento do sofrimento.

Aquele que ainda sofre depois de morto precisa apenas ser ouvido e levado a sério. Aceitação é libertação.

Se alguém escutar os nossos diálogos, concluirá que somos bruxos. Desenvolvemos a nossa espiritualidade a partir da confiança irrestrita e incondicional.

Quando não conseguia dormir de pequeno, ela me emprestava o seu travesseiro.

— Com meu travesseiro, sonhará os meus sonhos.

Talvez o amor seja emprestar o travesseiro. Emprestar a paz.

O isolamento é mais duro do que a morte, mais pungente do que um velório sem visitas, sem seis pessoas ao menos para segurar as argolas do caixão.

Não há abraços, não há aperto de mão, não há alguém que seque as lágrimas e tente roubar um riso. Não há esperança ou gratidão.

A pele se ressente da falta de contato. Da ausência de beijo. Não pode nem deve ficar muito longe de um toque. Viramos bichos acuados pelo silêncio.

Longe da fonoaudiologia constante do afeto, regredimos a um tempo não verbal. A memória não sai do passado, não se atualiza, não cria novas lembranças e estímulos.

Quando visito asilos ou casas de repouso, identifico um padrão de comportamento daqueles que não mais recebem os familiares.

A pessoa não é nem mais capaz de esticar o braço, não ousa sair do seu confinamento mental. Um caramujo encolhido na casca. Dobrado, curvado em si, em posição fetal de abandono. Não ocupa sequer o espaço do próprio corpo. Perdeu a vontade de se espreguiçar e conquistar o ar, nota-se uma atrofia dos movimentos de expansão gestual e da saudação à luz.

Nem é desistência, mas desexistência.

Não se importa mais porque não tem em quem se espelhar, não tem quem sinta a sua ausência, os efeitos da distância.

Existe quem melhore unicamente sabendo de um telefonema. Uma banal ligação contribui para o reestabelecimento do humor.

É comum ouvir este comentário dos parentes que aparecem somente para os encargos do falecimento: "mas parecia bem na última vez que eu vi".

Quando foi a última vez?

Para quem espera, dias são séculos. Para quem não vem, dias são minutos.

O tempo nunca é o mesmo. Para o primeiro, é o demorado tempo emocional. Para o segundo, o fugaz tempo cronológico.

Por que odiamos quem se aproxima de nosso umbigo?

É a cicatriz do nosso nascimento. Uma ferida. A prova de que nascer foi um choque, um espanto, por mais que seja entendido como um sinônimo de absoluta alegria.

Nascer é tão traumático quanto morrer, só que nos acostumamos.

Renunciamos o calor do ventre, a proteção, a segurança da unidade materna para migrar a uma fragilidade descomunal, para enfrentar a missão, ao longo do crescimento, de não depender mais de ninguém.

A indisposição é visceral e primitiva, uma autodefesa que extrapola o plano racional.

Homens e mulheres detestam de modo igual que se passe a mão no umbigo. Não é lugar para carícia, para brincar, para fazer cócegas. Nem é para analisar a textura, se é mais para dentro ou se é mais para fora.

O umbigo é o nosso ponto de hibernação. O nosso contato com a transcendência. A lembrança do cordão umbilical. A memória de que estaremos sozinhos no nascimento e na morte. Uma advertência de nossa eterna vulnerabilidade, de que podemos morrer a qualquer instante assim que nascemos.

Nascer demora. Há pessoas que ainda não nasceram, há pessoas que morrem sem terem nascido.

Nascer é encontrar um sentido, independentemente das circunstâncias favoráveis ou adversas, para seguir adiante. Um propósito. Uma inspiração.

É descobrir o próprio dom. O dom de ouvir. O dom de fazer. O dom de sentir. O dom de agregar. O dom de surpreender. O dom de abraçar. O dom de curar.

A maior parte dos nossos objetivos é motivada por vingança, recalques, contrariedades vividas na nossa formação.

Demoramos a perceber o que realmente é nosso, o que não é reativo, o que é o nosso talento, a nossa potência emocional.

De tanto querer provar que podemos fazer algo para a família ou para a sociedade, esquecemos de perguntar qual é a nossa essência, o que nos dá alegria e prazer.

Isso pode acontecer somente aos cinquenta anos, depois de um longo percurso traçado. Ou pode jamais acontecer, restando-nos pagar dívidas emocionais pelos outros e ganhar aplausos em palcos errados.

Já parou para pensar que talvez aquilo que escolheu fazer profissionalmente foi resultado de uma retaliação, de um troco, com o fim de justificar a sua importância perante os demais?

Agiu de acordo com a pressão da raiva, para provar o seu valor, para calar a boca de quem o menosprezava, não pela liberdade de ser o que era para ser?

Não deveríamos escolher profissões antes de definir qual a nossa potência emocional que vai nos direcionar a uma carreira adequada para expressar toda a nossa capacidade.

De repente, descobrirá que a sua potência é a empatia, e assim escreverá livros e ajudará os mais próximos a partir de sua interpretação da realidade. Ou pode desvendar que a sua potência é a Justiça e se destinar a ser promotor, juiz, advogado ou defensor público.

Não reconhecemos quem mais amamos porque não nos conhecemos. Estamos no caminho contrário da curiosidade e da atenção amorosa. Nem temos consciência do que poderemos oferecer para ajudar — as mãos vazias são uma avareza consigo.

Negamos o nosso fogo vivendo de pálidas sombras para nos ocupar e garantir a subsistência.

A alma também exige motivação, significado, para existir.

Morrer é rápido, nascer demora. Há pessoas que ainda não encontraram sua alma, há pessoas que morrem sem ter uma alma.

Quando perdemos alguém, o que lembramos?

Que não podemos mais ser abraçados e beijados, que não podemos mais confidenciar, que não há mais colo das palavras para telefonemas e encontros, que a nossa vida empobreceu.

Temos pena de nós mesmos. Repare que não cogitamos o que o outro deixará de ganhar de nossa parte. Em nenhum momento colocamos o ausente como protagonista dos nossos sentimentos, exclusivamente nos enxergamos como receptores. Seguimos numa via de mão única de devoção.

Nós que não receberemos carinho, nós que não receberemos atenção, nós que não receberemos cuidado.

A saudade virá de um só lado, não das duas frentes, não de modo recíproco e igualitário.

Se o pai ou a mãe morrerem, recordaremos tudo o que faziam para nos alegrar, em vez de sentir falta de tudo o que não mais entregaremos de afeto.

Nossa preocupação é com o que faltará em nossa rotina, jamais com aquilo que deixaremos de fazer de contrapartida.

Tanto que as imagens que compõem o pesar sempre têm a nossa presença. Nunca são a fotografia mental do morto sozinho. Ele está sempre acompanhado de nossa figura, reagindo a nós ou nos sendo útil.

O sofrimento é narcisista, vidrado nos benefícios, fixado nas recompensas. Viramos vítimas do futuro num processo de autocomiseração. Ou de culpa, por não ter aproveitado devidamente os agrados que chegavam abundantes, de graça.

Não lamentamos sinceramente a ausência, mas o fim de nosso privilégio.

A gratidão é um passo para fora da dor. Quando focamos unicamente em quem partiu, sem as nossas carências.

Experimentei a minha infância num quintal, cercado de árvores: pessegueiro, *flamboyant*, abacateiro, cinamomo. Eram as nossas sentinelas do sossego e postes floridos para as redes.

Tudo era permitido: subir nos galhos, colher frutas, brincar de guerrinha de caroços, menos mexer nos ninhos das aves, por mais bonitos que fossem, com seus arranjos firmes de palha e folhas.

Tínhamos que conter a curiosidade em entender como foram feitas aquelas manjedouras cerzidas com sabedoria por um solitário bico.

Os pais diziam:

— Se puser a mão, os pássaros não voltam. Identificam o cheiro estrangeiro da pele nos perfumes conhecidos. Eles têm os esconderijos dos filhotes descobertos e se sentem ameaçados pelos intrusos. E vão fazer ninhos em novo lugar.

A morte é exatamente um ninho que foi tocado. Não tem como seguir com a vida como antes, simular que não houve uma profanação do santuário, uma quebra do ciclo da existência.

É imprescindível mudar de rotina para se ver protegido outra vez. Ficar do mesmo jeito é se converter em presa fácil da saudade e do apego.

Não é negar a dor, mas alojá-la em diferente cenário, onde ela não será mais onipotente.

Não é ingratidão, mas arroubo de preservação por alguma perda significativa.

Recomenda-se, dentro das possibilidades, transferir-se de endereço, recomeçar as atividades longe do túmulo da ferida, redecorar as paredes, trocar de móveis, reprogramar os trajetos ao trabalho e até substituir os locais preferidos do bairro.

Luto é transformação. O enlutado terá trabalho para se readaptar sem mais contar com o antigo ponto de apoio.

Não é saudável lembrar mais do que viver.

Bebês que falecem no ventre ou logo depois do parto continuarão sendo crianças sonhadas, beijadas, acalentadas, amadas.

Os sapatinhos de crochê andarão sozinhos.

O que se absorveu de conhecimento desde o ultrassom até a preparação do enxoval não será descartado. A esperança se mistura à saudade, numa maturidade singular de experiência.

As canções, as conversas, as carícias na barriga e as respostas dos chutes bem em cima da mão seguirão como um repertório inesgotável de diálogo com a vida. É uma amizade com o corpo como nunca antes sondada.

Há uma ideia equivocada de que, ao perder uma gestação, você ficou sem nada. Você não tem como nem professar que foi pai ou foi mãe.

Em todo luto, deve ser reconhecida primeiramente a existência do filho que não nasceu ou que não sobreviveu na UTI Neonatal.

Não se resumiu a um projeto simbólico ou um plano desfeito, sequer pode ser substituído por um segundo rebento. Teve a assinatura da convivência, apesar da escassez dos meses.

Ele existiu, plenamente existiu.

Requer um nome, um sobrenome, um lugar na memória. Se não desfrutará de um quarto na casa, que se reserve para ele um espaço fixo nas lembranças.

Para que aquele tempo de nove meses não seja tratado como um engano, uma miragem, uma alucinação. Para que os pais não enlouqueçam apagando parte significativa e transformadora de sua ternura por conveniência social, por tabu de que somente os vivos com CPF são válidos.

As promessas tendem a desaparecer quando vagas e imprecisas; dependem de um rosto, ainda que seja desenhado com lápis de cor, na falta de fotografias.

A longevidade não faz um filho.

Minha mãe esperava uma criança entre a Carla e o Rodrigo. Seria meu quarto irmão, na escadinha de dois em dois anos. O aborto espontâneo não apagou a sua vinda entre nós, aquele degrau entre nós. Mais de uma vez, a mãe confessou ouvir o menino conversando conosco na sala quando ela estava no quarto.

Os vestígios da passagem perdurarão além das aparências e da visibilidade, numa duração independente dos fatos, dentro do caráter, dentro dos novos hábitos adquiridos na gravidez.

Não se desliga a sua existência, não se falsifica a certidão, não se neutraliza o impacto de comoção no casal. Isso é sofrer o dobro negando o passado. Quem nega o passado sonega o futuro.

No peito, os pais embalarão a ausência tão real quanto os próprios braços.

E verão que o pequenino não era uma semente, mas uma árvore frondosa no coração.

Disputávamos a rede no quintal. Era nosso balanço, nossa praça.

Sempre que eu reinava no vaivém do linho, os meus três irmãos vinham para cima de mim e acabavam com a minha tranquilidade.

Eu ficava louco de medo de que o gancho não suportasse o peso, e eles rindo da minha prevenção, não me permitindo sair da chave de braços, pressionando o volume para baixo, até ansiando por eventual queda.

Escutava os rangidos com temor, mas, no decorrer da ação, eu abstraía o tombo e passava a reagir aos golpes de ternura e esmagar com vontade. O sentimento de turma prevalecia.

A morte, quando atinge uma família, tem a dinâmica dessa rede cheia. Existirão opostas percepções da perda simultaneamente, cada um terá a sua visão, a sua dor e um ritmo de luto, apesar de amontoados no abraço partilhado.

Uns vão se recuperar mais rapidamente, outros levarão anos para absorver o vácuo. Ninguém estará certo, ninguém estará errado. O impacto dependerá de qual relação se mantinha com o ausente.

Quem era mais próximo, paradoxalmente, sofrerá mais na hora, para cicatrizar com mais facilidade depois, porque terá a gratidão como contrapeso da falta. Já quem era mais distante se mostrará menos atormentado na hora, para lidar com a revolta tardiamente, já que a culpa ocupará parte da saudade, e se ressentirá do que não foi vivido.

O trauma é desenvolvido de acordo com a disponibilidade concedida àquele que partiu. Sendo assim, ao conversar com os meus irmãos sobre os meus pais, numa acareação em separado, todos trarão uma versão completamente distinta deles, numa proporção direta ao tempo dado para o relacionamento, como se fôssemos filhos de pais diferentes.

Não busque uma receita. Existem várias saídas para igual tormento. O consolo é que você estará preso a uma trama maior de fios, a uma condolência coletiva. Encontrará também um pouco de alívio por não cair sozinho.

Eu não concordo com as narrativas póstumas de que um paciente foi herói em duelo com a doença e lutou bravamente pela vida até o último minuto.

É uma supervalorização da força, um elogio à resistência física, uma inadequada mitologia que nos desprepara para a realidade.

Prevalece assim a versão beligerante de que somente os fortes serão lembrados.

A sucumbência é crua e cruel para todos, sem exceção.

Morremos porque somos frágeis, vulneráveis, débeis. Morremos sem sentido, como bebês, engasgados na tosse ou sugados por uma pontada no peito. Morremos porque somos sensíveis. Morremos não prevendo exatamente o que nos atingiu. Morremos desinformados. Morremos acovardados pelo confinamento. Morremos desacostumados com a dor. Morremos fantasiando banalidades, como beber um gole de café esfumaçado ou devorar uma lasanha inteira sozinhos. Morremos fazendo planos, lembrando-nos das datas de vencimento das contas ou de um trabalho pendente. Morremos pegos de inopino.

Morrer não é heroísmo. Não é um romance de cavalaria. Não é um campo de batalha. Não traz uma bandeira. Não tem ideologia. Não podemos poetizar o desenlace para glorificar a internação.

Ninguém será lembrado pelo jeito que morreu, mas pela postura que escolheu para viver.

Permita que sejamos normais, não uma história de superação, ao menos na morte. Humildemente na morte.

É comum reprimir quem confessa que seria melhor o parente acamado em longa internação morrer.

"Ele vai parar de sofrer."

Como se apressasse o fim. Como se adotasse uma postura proibida de rezar contra a recuperação. Como se fosse um corvo grasnando nos galhos secos da partida.

Mas o que movimentou esses pensamentos de aparência mórbida e de complexo entendimento foi uma rara empatia, identificação com os tormentos e os suplícios da sobrevivência. A pessoa se colocou no lugar do paciente terminal, assumiu o quanto os seus movimentos estavam limitados e a sua mentalidade ameaçada, o quanto se prendia à existência pelo fio tênue dos aparelhos.

Se fosse ela, não desejaria uma sobrevida à custa de infindáveis gemidos.

Evidente que ela gostaria que o ente querido permanecesse mais tempo junto.

Somente que não fosse de qualquer jeito, não numa realidade precária e dependente, intoxicada do langor paralisante da medicação.

Deixar partir também é amor. Também é respeito. Também é não ser egoísta.

Às vezes, o único milagre a ser feito é o falecimento.

Dependendo da gravidade do quadro, é liberdade, o alívio do voo diante de uma penúria rastejante.

Como explicar ao filho pequeno que a sua mãe ou o seu pai morreu?

Esquecendo a sua idade.

Todos são vítimas do mesmo golpe. O adulto tampouco está pronto para enfrentar tamanha falta.

Não nos aprontamos nunca para lidar com a partida, mesmo quando ela tem data marcada. Mesmo com uma cesárea da despedida.

Filhos e pais se transformam em irmãos de igual perplexidade. O sofrimento nos envelhece unanimemente, emparelha as gerações.

O receio de comunicar a verdade vem mais pela própria negação dos fatos do que pela ausência de discernimento das crianças ou para poupá-las do sofrimento. Vem mais pelo pavor de reconhecer a consumação da ocorrência do que pela instabilidade dos pequenos ouvintes.

Os filhos são usados para adiar a morte. Para legá-la a um futuro indefinido, a um controvertido espaço de maturidade a ser conquistado. Assim, num golpe dado em si mesmo, com o protelamento da notícia, inventa-se que a pessoa em questão não morreu agora, só morrerá no tempo em que os filhos crescerem.

De outro modo, ao oficializar o falecimento imediatamente aos filhos, crê-se que ele se tornará irreversível.

A tragédia prescinde de faixa etária. Os filhos não podem assistir a um afeto subtraído de seu convívio sem uma explicação plausível, racional, linear, com início, meio e fim. Não há como desocupar um quarto e deitar os porta-retratos na mais completa invisibilidade.

Não use a fantasia de estrelas brilhando no céu. Não estrague a noite deles infinitamente por um dia triste. Não amaldiçoe o prazer de uma constelação.

A objetividade suaviza o impacto das grandes perdas: "Seu pai morreu no acidente tal e tal". Ou "sua mãe morreu de uma doença tal e tal".

Cura-se a realidade apenas com a realidade.

Qualquer construção romântica sobre a morte se assemelhará a uma mentira e fará a criança ainda mais desacreditar na vida. E na família.

Não pense que ela não vai assimilar. Ela absorve mais rápido do que o adulto. Entende a emoção antes das palavras. Talvez seja a que melhor vai responder à confusão do cenário e consolar você.

Só que depende de alguém que lhe diga a verdade para, no mínimo, confiar nessa pessoa dali por diante. E poder entender o tamanho do sofrimento que a aguarda.

Parcelar a notícia também não colabora. É massacrar a esperança com falsas expectativas. Consolidará uma atmosfera de tensão, já que a desaparição do familiar aconteceu à vista e ela terá que enfrentá-la na próxima hora.

Contar aos poucos é tortura psicológica. Contar de uma vez é honestidade e respeito.

Deixe que a criança demonstre a dor a partir das nuances de seu temperamento, não há certo ou errado na reação. Algumas se calam, outras explodem.

Deixe que a criança se enlute, deixe que a criança expresse a sua insatisfação, que encontre um lugar para desaguar a raiva. Fique por perto, mostrando apenas que ela não estará desamparada. Até para derramar o ódio, exigimos tranquilidade.

Que você fale da saudade chorando, resmungando, ganindo, emborcado de lágrimas, soluçando, mas que explique o desaparecimento diretamente. Confesse que não admite a fatalidade, esperneie que é uma injustiça. Não se posicione acima da dor. O quanto mais autêntico, mais natural, menos maquiado, melhor será a reação dos filhos.

Trauma é não saber o que aconteceu.

No luto, o tempo para ou anda para trás?

A visão tradicional é que ele anda para trás, pelo boicote ao presente e pela necessidade atávica de resgatar as lembranças mais ternas do falecido. Você estaria reprisando o que não pode mais viver, freando o carro com os pés para fora do veículo.

Diferentemente, há quem acredite que ele é um relógio parado, com o ponteiro estacionado num dia interminável e repetido até a exaustão. Você estaria fixado no momento do óbito. Não sairia daquele referencial de tormento e angústia, rodeando a si mesmo na hora em que houve o badalar da morte.

Eu confio que não é nenhuma das alternativas. O tempo some. O tempo não existe mais. O tempo é suspenso por um estado de insana investigação. O tempo não é mais um lugar habitável, um espaço a ser seguido com regras. Tanto que se verifica no enlutado a dificuldade de manter os seus horários padronizados de comer, ou de dormir, ou de trabalhar. Ele vira a noite, descansa de dia, almoça no fim da tarde.

Inventa-se uma dimensão alternativa de espera, um purgatório na Terra.

Quem morre não é julgado, a morte absolve sumariamente a sua vítima, liquida as dívidas. O finado não tem mais como se defender.

Quem fica é que enfrenta um exame de consciência, uma crise de identidade, pesando as escolhas adotadas. A distração ao mundo interior é impossível.

A morte do outro é que nos julga. Viver é ser julgado pelos mortos, como se estivessem nos olhando, sabendo de tudo, sem podermos esconder e sonegar nada como antes. Eles teriam agora o poder sobrenatural de acesso aos nossos anseios, a possibilidade de abrir os nossos arquivos e mexer em nossas gavetas secretas de raiva e insatisfação.

Ficamos envergonhados até de pensar mal. Predomina, no plano da fantasia, uma busca atemporal pela permanente reparação.

A invisibilidade desencadeia um medo de censura, de ser desmascarados por quem partiu, de ser flagrados nas contradições.

A preservação da coerência é o que mais assusta o enlutado. Porque, como não enxerga o afeto, acha que ele está em toda parte, inclusive examinando a sua mente.

Atos de infidelidade ou deslealdade, nunca confessados, são finalmente externados gratuitamente para os familiares, em surtos de sinceridade, com o objetivo de se livrar de um possível castigo ou retaliação.

Passa-se a escutar uma dicção fantasmagórica recriminando as falhas.

"Então, é isso o que você desejava para mim?"

Não é que um espírito comece a intervir nas ideias, é a própria memória que começa a falar numa empostação de voz do morto.

O tempo não para nem anda para trás, migra a uma espécie de tribunal para que avaliemos se é possível seguir em frente e nos inocentar daquela perda.

Meus pais de 82 anos já não têm os seus pais vivos. São idosos órfãos.

E se lembram mais das datas de falecimento deles do que de aniversário.

Ficam me avisando as efemérides: "hoje completam-se 42 anos que a vó faleceu", "hoje completam-se 45 anos que o vô faleceu". É uma inversão da cronologia, uma mudança de referência. O epitáfio gera uma segunda existência. O tempo do óbito é a nova idade de meus avós. Crescem e amadurecem na falta.

O desfecho se sobrepõe ao começo. Em vez de me advertirem que tanto um como o outro estariam alcançando tal idade a partir de seus respectivos nascimentos, meus pais evocam sempre as suas partidas. Meus pais não fazem questão de evocar o surgimento dos avós. Até me esqueci das datas em que eles vieram ao mundo.

Nas celebrações de falecimento, sugerem que eu realize algum pedido especial. Como se eu fosse escalado a substituir os ausentes aniversariantes para soprar as suas velas.

Depois que se morre, o nascimento é vago, impreciso, secundário.

Quem está na velhice tem uma diferente noção de legado. Guarda o momento da despedida mais do que o princípio de tudo.

Meus pais são os letreiros descendo das telas. Nunca abandonam a sala de cinema antes de os créditos se esgotarem. Enquanto a maioria dos espectadores se levanta, continuam firmes e serenos nas poltronas.

Eu, de pé, segurando o casaco, apontando para a luz acesa da sala, implicava com os dois:

— Vão esperar o filme recomeçar, permanecer para a próxima sessão?

Eles diziam que eu que não entendia que o filme não havia acabado. Diziam que os créditos ainda eram parte do filme, que existia a gratidão ali, com a menção aos que participaram da construção da obra.

O aniversário da morte destaca-se mais do que o do nascimento porque é o aniversário da saudade. A saudade começa a vigorar a partir da perda. A saudade acumula anos. A saudade assume um corpo à parte, independente das biografias. Tal uma criança parida na dor, que se torna adulta e velha, e que somente terá descanso quando todas as mortes coincidirem.

Meus pais enumeram unicamente o período em que estão se virando sozinhos, com o cronômetro disparado a partir do adeus aos avós. Típico de quem sente falta e conta os dias para o reencontro.

Já pensou em ter uma amizade de 75 anos?

Setenta e cinco anos conversando com alguém, desde criança, desde a mochila nas costas, desde o ginásio, desde quando subiram no muro alto do colégio, na mais forte ventania, com o guarda-chuva aberto, na tentativa de voar?

Setenta e cinco anos de infância, adolescência, maturidade e velhice?

Setenta e cinco anos de agendas trocadas, diários preenchidos e confidências ao pé do ouvido?

Setenta e cinco anos jamais se perdendo de vista?

Setenta e cinco anos de telefonemas e visitas, atualizando as notícias familiares?

Setenta e cinco anos acompanhando todos os namoros, os casamentos, as despedidas?

Setenta e cinco anos conhecendo os pormenores da rotina, os detalhes, as peculiaridades, os gostos, as manias, as desculpas?

Setenta e cinco anos dividindo as expectativas de emprego, desde a comemoração do salário inicial até a festa de aposentadoria?

Setenta e cinco anos testemunhando o nascimento dos filhos e netos uma da outra, partilhando o crescimento deles, as formaturas, as conquistas profissionais?

Setenta e cinco anos de cinema, teatro, bailes, viagens e festas?

Setenta e cinco anos de mágoas superadas pela prudência e de alegrias emolduradas em porta-retratos?

Setenta e cinco anos de lealdade entre duas meninas que saíram do interior gaúcho, de Guaporé, para seguir o estudo na capital; entre duas jovens que vivenciaram aprendizados juntas; entre duas mulheres que tocaram as famílias sozinhas; entre duas senhoras que firmaram o pacto de sempre se falar?

Setenta e cinco anos de estreias, como enxergar o mar pela primeira vez lado a lado, tirar a carteira de habilitação lado a lado, votar pela primeira vez lado a lado?

Setenta e cinco anos de liberdade conquistada a duras penas?

Setenta e cinco anos acreditando na mesma fé, no cheiro curativo de um ramo de alecrim?

Setenta cinco anos sendo mais do que amigas, mas irmãs de afinidade, devotas dos passos, trocando de papel conforme as exigências do afeto?

Com a morte de sua confidente Marília, aos 82 anos, em Porto Alegre (RS), a minha mãe estava com uma dor de setenta e cinco anos para dar de beber em seu colo.

Ela me disse: "vou ter que buscar vários baldes no rio Taquari". O rio em que as duas se banhavam na infância.

A gratidão está no fundo da saudade — processo lento de escavação.

Antes, você só enxergará o lodo da raiva, o pântano da ira, o ódio pela lacuna irreparável. Não se cobre. As lágrimas nunca são potáveis no início. Não são mesmo para beber.

Elas saltam enferrujadas pelos canos da solidão, corrompidas pela nossa avareza de querer alguém para sempre. Não há como prender o afeto eternamente junto ao nosso corpo. Despedida é a coragem de soltar os dedos, deixar ir para Deus.

Mantenha aberta a torneira dos olhos. Quanto mais a água correr, mais limpa ela se tornará, mais a culpa irá embora.

Desabe, desabafe, não reprima confidência nenhuma, galho nenhum que esteja bloqueando a passagem ao agradecimento. Não banque a fortaleza da família, seja um filho ou filha no pranto. Chore agora todo o supérfluo, toda a tristeza, até ficar só a raiz.

Não temos como recuperar quem se foi, mas podemos mostrar tudo o que restou da pessoa em nós. Essa herança em nossos princípios, que ninguém mais será capaz de arrancar.

Morrer é ir sozinho para a estrada.

Quem se despede deve fazer as malas pela última vez. Escolher o que levar definitivamente.

Se já somos indecisos em uma pequena viagem ou num frete para uma casa nova, imagine quando a viagem significa uma mudança de alma, separar só o essencial do essencial, só o básico do básico, só a felicidade realmente honesta.

Centrados em nossa dor, embargados pelo choro, não paramos para pensar no que representa essa passagem difícil e única: guardar as palavras de gratidão, eliminar a culpa e o ressentimento, deixar de lado tudo o que não vai mais acontecer, desapegar-nos de quem mais amamos e acreditar que cada um que ficou teñ condições de dar conta do recado sem a nossa ajuda.

O certo é que aqueles que ficam não devem parar de rezar. Não é porque a pessoa morreu que a reza termina. Não cesse a oração. Para que ela chegue segura à paz. Para que nunca fique perdida na memória. Para que seja incentivada pela saudade a conseguir perfazer a longa travessia de adeus ao corpo, às cicatrizes, às marcas do destino.

Transfira a mentalização positiva que antes era pela recuperação da sua saúde para que ela encontre o descanso.

Não a abandone porque ela não está mais aqui. Ainda precisa de você para desencarnar, para sair do tempo dos relógios, para tirar os sapatos da preocupação.

Permita-se confiar naquilo que não entende. Não cobre mais nada: ela é agora perfeita em suas imperfeições, cumpriu a sua missão.

O falecido ficou na estrada final da montanha para seguir solitário até o topo, próximo dos céus e dos pássaros. Você o acompanhou até onde era permitido. Mais não pôde avançar.

Agora terá que descer, também sozinho, com o vento batendo forte pelos lados. Forçará o peso das pernas para não ir junto.

A despedida é olhar para baixo depois de exaustiva escalada.

É encarar a vertigem de tudo o que foi percorrido com alguém. É encarar o desfiladeiro verde, o rio esfumaçado, o fosso de pedras e não entender como chegou até ali.

E não é para entender mesmo, porque, quando guiado, quando escoltado, o caminho passava rápido.

O desamparo virá ao fazer a volta desacompanhado, virá ao descer um percurso que foi desenvolvido e roteirizado a dois.

O silêncio do adeus é o mesmo silêncio da montanha. Um silêncio com altura. Um silêncio com eco. A atenção é extrema, com a diferença de que tem certeza de que vai lembrar esse momento, de que precisa estar atento para lembrar esse momento, de que ele é inesquecível por antecipação.

A audição abraça o que estiver pela frente, apertando o nó entre os cadarços e o chão.

É como andar de ouvidos descalços, reconhecendo um botão se descolar da camisa, um estalo de caroço na árvore, um deslocamento de mínima pedra, uma explosão de flor, com acentuada nitidez.

Você escuta todo movimento como se fosse dentro de si.

Ao longo da vida, continuará mirando de longe a montanha, procurando a sua localização pela janela, entre as tarefas corriqueiras e as urgências da rotina.

Ela vai se transformar em referência geográfica do seu espírito, em seu norte, em seu sol, em sua lua, no ponto mais alto de sua existência.

Em qualquer lugar que estiver, verá a montanha, sabendo que a conhece, sabendo que a amou, sabendo do seu encontro com o mais terrível medo.

Na verdade, a montanha é que enxergará você para sempre.

Você se refaz da morte de alguém não quando para de chorar ou de suspirar, mas quando volta a sentir o arrepio.

Como o sofrimento era tão constante, o pânico tão rotineiro, não se arrepiava mais. Todo toque só assustava.

Você estava no seu modo de sobrevivência, orbitando entre os extremos da emoção. A alegria, quando surgia, se resumia a descarga e alívio eufórico; a tristeza, quando aparecia, resultava espessa e inconsolável.

Vestia uma couraça de proteção, de embotamento, destinada a isolá-lo e a resguardá-lo do convívio.

Estava transformado em réptil, revestido das escamas do medo, para aguentar a sucessão de más notícias (após a morte de um familiar, temia o efeito dominó de que todos ao redor iriam morrer em seguida).

Não havia mais condições para se arrepiar. Não havia mais normalidade para se arrepiar. O calafrio da beleza. O calafrio da paixão. O calafrio das palavras encantadoras. O calafrio das juras de amor. O calafrio da brisa marinha. O calafrio da delicadeza. O calafrio da sensualidade. O calafrio da saúde e da leveza. O calafrio da surpresa e do arrebatamento.

O arrepio depende de nossa disponibilidade para ouvir e se mostrar presente, requer uma completa vulnerabilidade.

Como você experimentava um deslugar com o luto, um despertencimento, não existia a possibilidade do estremecimento contente, da ondulação vibratória de carinho.

O arrepio só acontece na felicidade mais legítima. Os poros vulcânicos se dilatam numa erupção da nossa sensibilidade. Ninguém pode mentir que não se encontra arrepiado. É uma comoção visível aos olhos, que se espalha pela pele, que corre por todo o corpo, pela bicicleta do sangue.

O arrepio, quando retorna, significa que cicatrizamos a perda, que recuperamos a pele. É a nossa excitação pela vida.

Carpinejar nasceu em 1972, na cidade de Caxias do Sul (RS), publicou quarenta e oito livros entre poesia, crônicas, infanto-juvenis e reportagem. É detentor de mais de vinte prêmios literários. Dentre eles, o Jabuti por duas vezes, o da Associação Paulista dos Críticos de Arte e o Olavo Bilac, da Academia Brasileira de Letras. Atua como comentarista do programa *Encontro com Fátima Bernardes* da Rede Globo e é colunista do jornal *O Tempo*.

Instagram: @carpinejar
Fanpage: carpinejar
Twitter: @carpinejar
YouTube: @fabriciocarpinejar
Tik Tok: @fabriciocarpinejar
E-mail: carpinejar@terra.com.br

Impresso no Brasil pelo
Sistema Cameron da Divisão Gráfica da
DISTRIBUIDORA RECORD DE SERVIÇOS DE IMPRENSA S.A.
Rua Argentina, 171 – Rio de Janeiro, RJ – 20921-380 – Tel.: (21)2585-2000